Die schönsten Delfingeschichten

LIEBE ELTERN,

dieses Buch hilft Ihrem Kind dabei, die Freude am Lesen zu entdecken, und zwar mit spannenden und lustigen Geschichten in drei unterschiedlichen Leseniveaus. Mit jeder Geschichte steigert sich der Schwierigkeitsgrad und passt sich so dem wachsenden Lesevermögen Ihres Kindes an. Dadurch kann Ihr Kind verschiedene Geschichten zu einem interessanten Thema lesen und sich dabei in seinem eigenen Tempo steigern. Das sorgt für motivierende Erfolgserlebnisse und lang anhaltende Lesefreude!

Schritt für Schritt zum Leseprofi!

Inhalt

BILD FÜR BILD

LESEN LERNEN

Liebe Eltern,

diese Geschichten mit einfachen Sätzen sowie großer und leicht lesbarer Schrift richten sich an Leseanfänger. Hauptwörter werden durch kleine Bilder ersetzt. Lesen Sie die Geschichten vor und lassen Sie Ihr Kind die Bilder selbst benennen. Am Ende finden Sie eine Wörterliste mit den einzelnen Bedeutungen. Viele bunte Illustrationen sorgen außerdem für Lesepausen und helfen, die Geschichte zu verstehen.

So wird das Lesenlernen zu einem echten Vergnügen!

Udo Richard

Geschichten vom kleinen Delfin

Illustriert von Sabine Kraushaar

Der kleine Delfin

Tobby, der kleine ,

lebt mit vielen anderen

im  .

Wunderschön ist es hier!

Am strahlend blauen

fliegen kreischend die  .

Auf einer kleinen  liegen

die  faul in der ☀ .

Und im 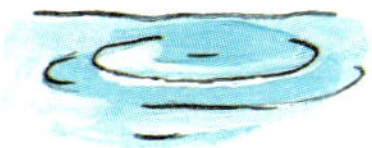  schwimmen

uralte  und riesige .

Ab und zu kommt ein vorbei.

Wie jetzt gerade!

Neugierig streckt Tobby den

aus dem  . Ach ja, das

kennt er schon. Die  darauf

wollen die  und

beobachten.

Aufgeregt rudern die

mit den  . Sie haben den

kleinen  entdeckt. Viele

von ihnen halten einen

in der ✋ .

„Na, dann mal los!", sagt sich der

kleine  . Elegant reitet er auf

der großen  vor dem  .

„Oooh", staunen die .

14

Dann schwingt sich Tobby aus

dem   und läuft rückwärts

mit der  über die  .

„Aah", tönt es vom  .

Nun springt Tobby so hoch, als

wolle er die  berühren.

Platsch!, macht es, als er mit

dem auf das klatscht.

„Iiih!", schreien die  .

Sie sind ganz nass geworden.

Tobby reißt den   auf, nickt

mit dem  und lacht keckernd.

Die  stehen da mit

offenem 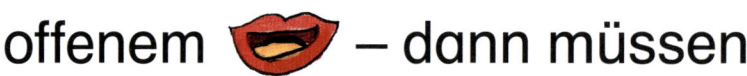 – dann müssen

sie auch lachen. So einen frechen

kleinen  haben sie noch

nie gesehen!

Tobby und die Tierkinder

Der kleine  stützt den

in die  und denkt nach:

„Ich würde ja zu gerne mal mit

kleinen  spielen.

Oder mit kleinen  !

Am liebsten ‚Fang den  ‘

oder vielleicht auch ‚

versenken‘!"

19

Der kleine  ⬦ schwimmt los.

Als Erstes trifft er Kalli 🦀.

Aber komisch! Kalli mag gar

nicht ‚Fang den  ' spielen.

Er zwackelt wild mit seinen 🦀.

Da schwimmt Tobby lieber

schnell weiter. Als Nächstes sieht

der kleine  Susi auf

einem liegen. „Butschi-

butschi bäh!", macht Susi.

„Die ist ja noch ein  !", denkt

der kleine ![dolphin] und schwimmt

weiter. Dort, wo das ![sea] ganz

tief ist, sieht Tobby Willi ![whale] .

Aber leider ist selbst ein sehr

kleiner  viel zu groß

für einen kleinen   .

Schließlich trifft Tobby Siggi  .

Siggi balanciert einen roten

auf der  . „Cool!", sagt Tobby.

„Darf ich auch mal probieren?"

„Klar!", sagt der kleine  .

Er patscht ihm den  mit

der zu. Auch Tobby kann

den balancieren – auf

seinem . „Toll!", ruft Siggi

und klatscht in die .

Der kleine  und der

kleine   machen ab jetzt

immer alles gemeinsam.

Und ‚Fang den  ‘ spielen?

Das tun sie auch!

So richtig wild

Die  lacht vom ⬤ ,

ein frischer ☁ kräuselt

die 〰 und Tobby fühlt sich

stark wie ein  .

Der kleine 🐬 will heute

mal so richtig wild sein.

Er ballt die 🖐 und fletscht

übermütig die 😬 .

27

Dann schießt er wie ein

durchs  . „Aus dem  ,

ihr trüben  !", brüllt er.

„Oder wollt ihr mit mir kämpfen?"

Vergnügt gluckst der kleine

vor sich hin. Da entdeckt er

auf einem  eine  .

„He, du!", ruft er ihr zu.

„Willst du mit mir kämpfen?"

Die  klappt erschrocken

ihre 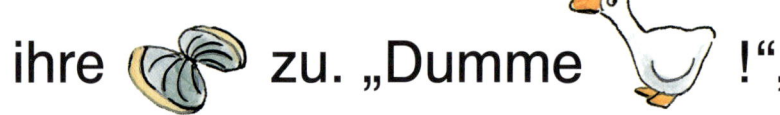 zu. „Dumme !",

denkt der kleine  und

schwimmt weiter.

Da trabt von rechts ein  heran.

„Na, du kleines ? ", poltert

Tobby. „Wie wär's, wollen wir

ein bisschen boxen?"

Das 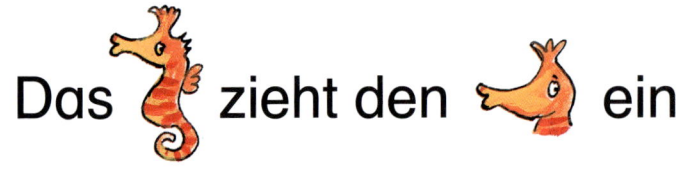 zieht den ein

und galoppiert eilig davon.

Jetzt drückt Tobby noch mal richtig

auf die  . Wie eine

saust er durchs .

Plötzlich türmt sich eine große

graue   vor ihm auf.

Der kleine  kann gerade

noch bremsen. „Na, du  ?",

brummt ein riesiger .

„Willst du etwa mit mir kämpfen?"

„Äh, ich?", piepst Tobby. „Lieber

nicht!" Und plötzlich ist der

kleine  wie ein 🌟 im

tiefen verschwunden.

Die traurige Seejungfrau

Auf einem  sitzt eine

kleine  in der

und weint bittere  .

Es ist Lissy, die  des  .

Tobby streckt den

aus dem  .

„Was ist denn los, Lissy?",

fragt der kleine  besorgt.

„Ach, Tobby", schluchzt die

kleine  , „ich habe meine 👑

hier zwischen den  verloren."

„Ich helfe dir suchen!", ruft der

kleine 🐬 und ist schon in

den 🌊 verschwunden.

36

Er schwimmt zu dem alten  ,

das bei den  gesunken ist.

Hier arbeitet Horst, der  .

Er hat immer viel zu tun. Gerade

sägt er neue  zurecht.

„Hast du zufällig Lissys

gesehen?", fragt Tobby.

„Nee", knurrt der  und

sägt weiter.

Glibby, die , weiß auch

von nichts. Sie schüttelt nur

traurig den   und wallt wie

ein   davon.

Plötzlich sieht Tobby etwas

im   blitzen. Da ist Ingo,

der  . In seinen   hat

sich Lissys   verfangen.

„Danke!", ruft der 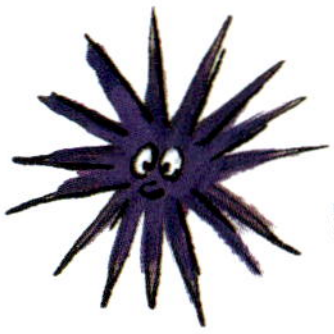 , als

ihn Tobby von der schweren

befreit. „Danke! Danke!", jubelt

auch die kleine  erleichtert.

Die  glitzert endlich wieder

auf ihrem  . „Ach, Tobby,

du bist der liebste  auf der

ganzen  !", sagt Lissy.

Dann umarmt sie ihn und gibt

ihm einen dicken  .

Die Wörter zu den Bildern:

 Delfin

 Schiff

 Meer

 Kopf

Himmel

 Menschen

 Möwen

 Arme

 Insel

 Fotoapparat

Seehunde

 Hand

Sonne

 Welle

 Wasser

Schwanzflosse

 Schildkröten

 Wolken

 Wale

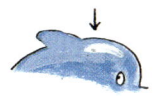 Rücken

 Schnabel

 Wind

 Mund

 Stier

 Flossen

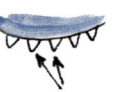 Zähne

 Krebs

 Pfeil

 Quallen

 Weg

 Scheren

 Tassen

 Seestern

 Muschel

 Felsen

 Schalen

 Baby

 Gans

 Ball

 Seepferdchen

 Nase

 Würstchen

 Tube

 Geist

 Rakete

 Seetang

 Mauer

 Seeigel

 Gartenzwerg

 Stacheln

 Blitz

 Welt

 Seejungfrau

 Kuss

 Tränen

 Königin

 Krone

 Sägefisch

 Masten

ZUSAMMEN MACHT
DAS LESEN SPASS

Liebe Eltern,

in diesen Geschichten schlüpfen Leseanfänger in die Rolle einer sympathischen Figur und lesen kurze, einfache Textpassagen, während die Erwachsenen die längeren Abschnitte der Geschichte übernehmen. So erleben die Kinder Seite für Seite neue Abenteuer und tauchen in die Welt der Bücher ein.

Gemeinsam geht eben vieles leichter, auch das Lesen!

Anna Taube

Delfingeschichten

Illustriert von Lisa Althaus

Delfinschule

„Kinder! Aufgepasst!", ruft Frau Flink-Flosse. „Es geht gleich los!"

Lenni ist übel.

Jetzt beginnt die Prüfung! Die Prüfung, auf die sie sich das ganze Jahr lang in der Delfinschule vorbereitet haben. Frau Flink-Flosse, ihre Lehrerin, hat ihnen alles beigebracht.

Und Lenni spürt,

dass er Bammel hat.

Was, wenn er keine einzige Antwort weiß? Die acht kleinen Delfine wuseln aufgeregt durcheinander. Doch plötzlich erscheint, wie aus dem Nichts, ein großer grauer Wal mit einem mächtigen Bart.

Lenni erschrickt.

Der ist bestimmt

zehn Meter lang!

Er wird sie fressen!

Lenni drückt sich dicht an Frau Flink-Flosse. Sie müssen abhauen! Aber die Lehrerin bleibt ganz entspannt. Sie lächelt sogar und schwimmt auf den Riesen zu. „Herr Mink!", ruft sie. „Schön, Sie wiederzusehen. Nun, dies sind meine Erstklässler." Sie dreht sich zu den kleinen Delfinen um. „Das ist Herr Mink, euer Prüfer. Sagt Guten Tag."

„Guten Tag,

Herr Mink!", sagen Lenni

und die anderen im Chor.

„Guten Tag, liebe Klasse", sagt Herr Mink freundlich. „Nun, ihr werdet doch keine Angst vor mir haben?"

Lenni schaut Herrn Mink

ganz genau an.

Nein, er sieht nicht böse aus.

„Wisst ihr denn, warum ihr von mir nichts zu befürchten habt?", fragt Herr Mink.

Die kleinen Delfine schweigen schüchtern. Sie schwimmen jetzt ruhig auf der Stelle. Endlich – Pinja traut sich, wie immer. „Weil … weil Sie ein Bartenwal sind und sich von Krill ernähren?"

„Sehr gut", lobt Herr Mink. „Ja, Krill ist meine Leib- und Magenspeise."

Lenni wundert sich.

„Krill? Der ist doch mini!

Und Sie sind so groß!"

„Ja, ja", schmunzelt Herr Mink. „So ein paar Milliönchen davon pro Tag dürfen es schon sein. Ich sperre das Maul auf – so – und dann, haps, fange ich eine ganze Krillwolke ein. Mit meiner Zunge presse ich das Wasser aus dem Maul, aber der Krill bleibt drin, denn meine Barten funktionieren wie ein Sieb."

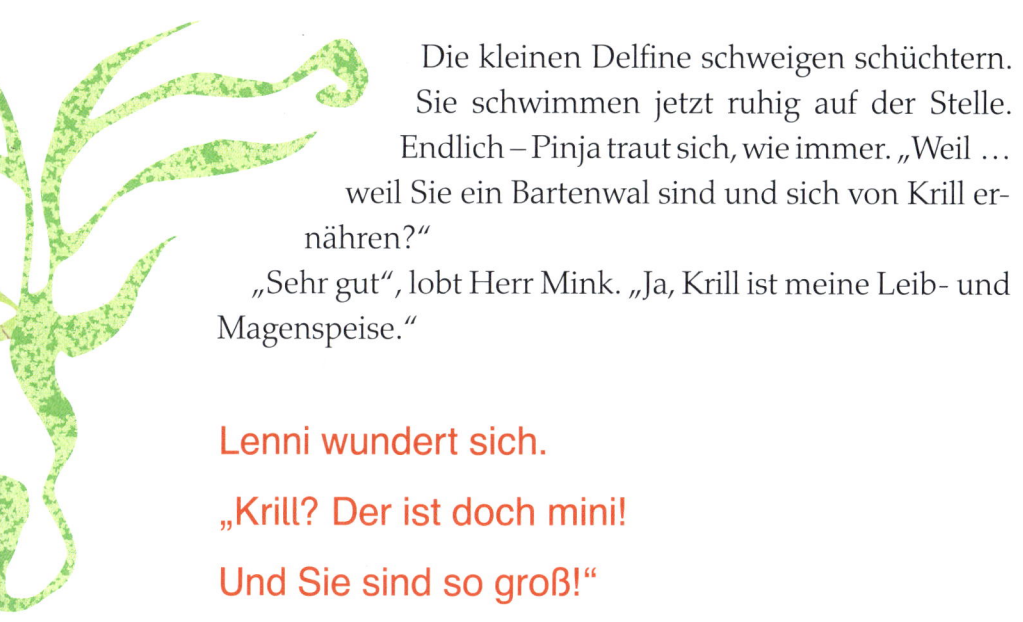

„Das ist aber praktisch!", ruft Lenni.

„Pöh, wir jagen viel intelligenter. Und weil wir Zähne haben, können wir richtige Fische jagen, nicht nur solchen Kleinkram", schnarrt Juho.

Lenni mag Juho nicht.

Immer meckert er

und ärgert andere.

Herr Mink lässt sich aber nicht aus der Ruhe bringen. „So? Wie jagen Delfine denn?", fragt er und bläst Luft ins Wasser, dass es sprudelt.
„Wir jagen unsere Beute in der Gruppe", sagt Juho. „Wir um-schwimmen den Fischschwarm, bis er wie eine dichte Kugel ist. Dann stürzen wir uns auf ihn!" Herr Mink nickt Frau Flink-Flosse zu. „Ich habe schon ge-hört, dass du ein guter Jäger bist", sagt er ruhig.

„Ich jage lieber allein

oder mit Onni", flüstert Lenni.

Onni ist Lennis bester Freund.

Doch Herr Mink hat ihn gehört. „Lenni, wie findet ein Delfin seine Beute?"

„Mit dem Biosonar natürlich!",

sagt Lenni stolz.

„Biosonar ist cool!", ruft Onni. „Wir stoßen einen hohen Ton aus. Wenn er auf einen Fisch vor uns trifft, prallt der Ton an ihm ab. Das Echo kommt zu uns zurück, wir hören es und flitzen zur Beute. Geht alles ganz schnell!"

Lenni grinst.

Onni ist wirklich

ein schneller Schwimmer!

„Wale und Delfine nutzen die Klick- und Pfeiftöne aber auch, um miteinander zu reden", platzt Pinja heraus.

„Oh, ich liebe die Gesänge der Buckelwale", schwärmt Lumi verträumt. „Ich könnte stundenlang zuhören, wenn die Männchen für die Weibchen singen."

Nur Juho stänkert: „Der Lärm ist im Wasser kilometerweit zu hören. Nicht auszuhalten!"

Lenni ist wütend.

„He, du stinkiger Fisch,

jetzt hör mal auf …!"

„Fisch!", schreit Juho beleidigt. „Ich bin kein Fisch!" Schon rast er auf Lenni zu. Doch Frau Flink-Flosse hat sich schon zwischen die beiden gestellt. „Schluss!", ruft sie. „Auseinander! Juho, lass deine Kommentare bleiben. Und Lenni, du musst dich nicht immer gleich so aufregen." Sie wendet sich Herrn Mink zu. „Bitte entschuldigen Sie die beiden."

Herr Mink nickt und sagt: „In einem hat Juho recht. Und das weißt du auch, Lenni. Nicht?"

„Delfine sind keine Fische",

murmelt Lenni kleinlaut.

„Ganz genau", sagt Herr Mink. „Die Familie der Cetacea, also der Wale und Delfine, stammt von einem Lebewesen ab, das vor 48 Millionen Jahren aus dem Wasser an Land kam …"

Lauri, der Klassenbeste, meldet sich und ruft: „Ich weiß es! Ambulocetus ging dann zurück ins Wasser. Im Laufe von 15 Millionen Jahren haben sich statt der Füße Flossen entwickelt. Aus dem Basilosaurus sind die Bartenwale, wie Sie, und die Zahnwale, wie wir, entstanden. Aber wir atmen immer noch wie ein Landlebewesen. Deshalb müssen wir zum Luftholen auftauchen."

Frau Flink-Flosse wird ganz rot vor Stolz.

Aber was Lauri kann, schafft Lenni auch!

„Unsere Fluke, die Schwanzflosse,

steht waagerecht,

damit wir zum Atmen schnell

nach oben schwimmen können",

ergänzt Lenni.

„Und wie alle Säugetiere trinken die Wal- und Delfinbabys Muttermilch. Die wird von der Mama ins Maul der Babys gespritzt, weil wir ja keine Lippen zum Saugen haben", platzt Pinja heraus.

Herr Mink ist ehrlich beeindruckt. „Frau Flink-Flosse, Sie haben eine exzellente Klasse", sagt er anerkennend.

Lenni freut sich über das Lob.

Jetzt ist Frau Flink-Flosse hoffentlich nicht mehr sauer auf ihn, weil er sich vorhin so aufgeregt hat.

„Fangen wir jetzt mit der Prüfung an?",

fragt Lenni neugierig.

Herr Mink lacht. „Aber das war sie doch schon, die Prüfung!", ruft er belustigt.

Das war die Prüfung?

Lenni wundert sich.

Das war ja gar nicht so schlimm!

„Was ein Delfin wissen muss, wisst ihr. Herzlichen Glückwunsch",
sagt Herr Mink. „Ihr habt alle bestanden."

„Juhu!", jubeln Lenni

und seine Mitschüler.

Die Erstklässler umringen Frau Flink-Flosse.
„Ihr wart großartig", lobt sie die Kinder. „Nun
packt leise eure Sachen zusammen und
schwimmt nach Hause. Bis morgen!" Die
kleinen Delfine freuen sich.
„Bis morgen!", rufen sie.

Lenni ist glücklich.

Prüfung bestanden und

einen halben Tag schulfrei!

Er stößt Onni freudig an.

Da kommt Juho auf ihn zu.
„Jetzt tust du so, als wärst du
der Größte. Dabei bist du bloß
der größte Zitteraal im ganzen
Ozean!"

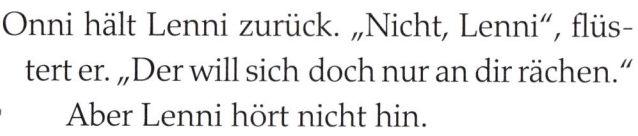

Onni hält Lenni zurück. „Nicht, Lenni", flüstert er. „Der will sich doch nur an dir rächen." Aber Lenni hört nicht hin.

„Nimm das sofort zurück!",

schreit er.

„Beweis uns doch das Gegenteil", knurrt Juho gemein. „Schwimm über die Orcaschlucht und ruf dabei drei Mal ‚Ich bin der Größte!'. Aber das traust du dich eh nicht." Pinja wimmert. „Lenni, nein!", schluchzt sie. „Die Orcas sind so gefährlich. Die fressen dich mit einem Haps auf!"

Lenni atmet tief durch.

Die Schlucht der Orcas!

Um die machen alle Delfine

immer einen Bogen.

Aber wenn er es schafft, lässt ihn Juho vielleicht endlich in Ruhe. Ihn und die anderen.

„Also gut", sagt er deshalb.

Bevor Onni ihn aufhalten kann, schwimmt Lenni los. Das Wasser wird

immer dunkler, aber den Weg zur
Orcaschlucht findet Lenni mit dem
Biosonar ohne Schwierigkeiten.
Da ist die Schlucht!
Dunkel und kalt liegt sie unter ihm.
In der Schlucht leben viele Kalmare,
die Lieblingsspeise der Orcas. Des-
wegen sind sie oft hier, um zu jagen.

Vielleicht hat

Lenni Glück und

sie sind gerade nicht da?

Jetzt oder nie! Rasch schwimmt er direkt
über der Schlucht hin und her.

„Ich bin der Größte", murmelt er leise.

„Lauter, du Zitteraal, wir hören nichts!", stänkert Juho. Er,
Pinja und Onni haben sich in sicherem Abstand hinter einem
Korallenriff verborgen.

Lenni wird wütend. „Ich bin der Größte!",

schreit er. „Ich bin der Größte!"

Drei Mal. Das war's. Jetzt hat er es Juho gezeigt. Triumphierend dreht
er sich zu den Delfinen um, die nun mit großen Augen hinter dem
Riff hervorlugen.

„Lenni, pass auf! Hinter dir!", kreischt Pinja.
„Wer ist hier der Größte?", sagt eine dunkle Stimme hinter ihm.

Lenni dreht sich um.

Die Orcas!

„Ich glaube, das Frühstück hat was gesagt", johlt einer der drei Orcas.
„Schwimm weg!", schreit Onni.

Aber Lenni ist wie versteinert.

Er starrt die Orcas an.

Hilfe! Ihm muss etwas einfallen!

Die Orcas kommen immer näher. Einer reißt das Maul weit auf. Die scharfen Zähne blitzen.

„Halt!", ruft Lenni. „Orcas sind Delfine!

Wusstet ihr das nicht? Schämt euch!

Delfine, die Delfine fressen!"

Die Orcas halten verdutzt inne.
Und das nutzt Lenni aus. Blitzschnell schießt er Richtung Korallenriff, um Haaresbreite den Orcas davon.

„Yippie!", jubelt Lenni.

Sein Prüfungswissen hat ihm

das Leben gerettet.

„Lenni!", begrüßen ihn Onni und Pinja erleichtert. Juho blickt betreten zu Boden. „Das war ganz schön knapp … Ich, äh, … also … du bist echt mutig, Lenni", gibt er zu.

Lenni grinst.

Vor Juho hat er in Zukunft seine Ruhe. Und für die Delfinschule wird er jetzt immer gut lernen, denn Wissen ist doch ganz schön nützlich!

Danka

„Willkommen in unserer Schutzstation", sagt Onkel Stjepan und öffnet die Tür. Er sagt das so stolz und freudig, als würde er Miro ein Schloss zeigen.

Aber hier sieht es aus

wie in einem Krankenhaus,

findet Miro.

Wände und Boden sind gekachelt. In den Schränken stehen Medikamente. Sogar einen metallisch schimmernden Operationstisch gibt es.

„Äh, echt toll",

sagt Miro unsicher.

Stjepan merkt das. Er zuckt die Schultern und sagt: „Es ist eben zweckmäßig eingerichtet. Unsere Delfine brauchen kein Plüschsofa."

„Ein Delfin auf dem Sofa!",

sagt Miro und grinst.

Stjepan grinst zurück. „Mit der Fernbedienung in der Flosse!" Er ist Meeresbiologe. Von Delfinen war er schon als Kind fasziniert, das hat Papa Miro erzählt. Und der muss es ja wissen, denn er ist Stjepans großer Bruder.

Miro mag Delfine.

Aber das Meer

mag er nicht.

„Im Schutzgebiet passen wir darauf auf, dass den Delfinen kein Leid angetan wird. Dass sie in Ruhe leben können", erklärt Stjepan. „Im offenen Meer sterben jedes Jahr viele Tausend Delfine, weil das Wasser verschmutzt ist, weil sie sich in Fischernetzen verfangen oder weil sie sogar gejagt werden."
Davon hat Miro schon gehört.

Er ist wütend auf die Menschen,

denen die Delfine egal sind.

„Hier in der Krankenstation behandeln und pflegen wir die verletz-
ten Delfine, die wir retten konnten oder die zu uns gebracht werden",
sagt Stjepan und deutet auf ein Becken. „Schau mal."

Miro geht zum Becken.

Da! Ein Delfin!

Über seinen Rücken und den Bauch ziehen sich
zwei Striemen. Obwohl es aussieht, als würde
er lächeln, wirkt der Delfin erschöpft.

„Armer Delfin", denkt Miro.

Er weiß, dass Delfine

nicht lächeln.

Es ist die natürliche Form ihrer Lippen, die
sie nicht ändern können, auch wenn es ihnen
schlecht geht.

„Das ist Kika", sagt Stjepan. „Sie
hat sich an einer Schiffsschraube verletzt."

„Hallo, Kika",

sagt Miro leise.

Kika blickt Miro an und schwimmt
näher. Vorsichtig streckt Miro eine Hand
aus. Kika zögert, dann stößt sie mit der
Schnauze an seine Finger.

Wie weich und

glatt ihre Haut ist!

„Hallo, du bist sicher Miro", hört er da eine freundliche Stimme. Als
er sich umdreht, steht eine junge Frau vor ihm. „Na, hast du mit Kika
schon Freundschaft geschlossen? Ich bin Kata, die Tierärztin", sagt
sie und gibt ihm die Hand.

„Machst du Kika wieder

ganz gesund?", fragt Miro.

„Kika ist schon auf einem guten Weg", sagt Kata. „Danka macht mir
Sorgen." Das sagt sie mehr zu Stjepan als zu Miro. „Sie ist immer
noch so verstört und lässt niemanden an sich ran, keinen Menschen
und auch keinen Delfin."
„Das ist wirklich ungewöhnlich", murmelt Stjepan. „Eigentlich bekommen kranke Delfine von den anderen Hilfe."

„Was ist denn

mit Danka los?",

will Miro wissen.

„Wie du weißt, müssen Delfine immer wieder auftauchen, um Luft
zu holen", erklärt Stjepan, während er Miro aus der Pflegestation ins
Freie führt.
Im offenen Freibecken der Schutzstation tummeln sich gerade zwei
Delfine. Sie können hier hereinschwimmen, wann sie wollen. Im Au-
genblick spielen sie mit Dario, dem Tierpfleger, führen Kunststücke
vor und bekommen dafür Fische. Aber Stjepan steuert auf ein kleines
Becken zu, das von natürlichen Felsen umgeben ist.

„Ist Danka da drin?",

fragt Miro.

„Ja, im Beobachtungsbecken", erklärt Stjepan. „So ist sie im Meer, aber doch in unserer Obhut." Er geht am Beckenrand in die Hocke. „Danka hatte sich in einem Knäuel aus Plastikmüll verfangen. Sie konnte nicht mehr auftauchen."

Miro spürt, wie sein Herz

heftig pocht.

„Sie wäre fast ertrunken. Wir konnten sie in letzter Minute befreien und an die Wasseroberfläche bringen. Sie und das Baby in ihrem Bauch", fährt Stjepan fort. „Seither ist Danka unruhig und scheu. Dabei möchten wir ihr helfen, denn das Baby kann jeden Moment kommen. – Miro, ist alles in Ordnung? Du bist ganz blass."

Miro nickt tapfer.

„Geht schon wieder", sagt er.

Aber seine Knie sind weich.

68

Bevor Stjepan noch Fragen stellt, hockt er sich neben ihn an den Rand des Beobachtungsbeckens.

Plötzlich sieht er sie!

Da ist Danka!

Sie schwimmt im Kreis umher, immer wieder, ohne anzuhalten, ohne die Richtung zu ändern.
„Hey, Mädchen", sagt Stjepan freundlich. Er beugt sich weit vor und plätschert mit der Hand im Wasser. Aber Danka reagiert gar nicht.

„Sie hat Angst",

flüstert Miro.

„Stjepan?", ruft da Kata aus der Tür. „Ich brauch mal deine Hilfe bei Kika!" Stjepan springt auf. „Bin gleich wieder da", sagt er. Er klopft Miro auf die Schulter und verschwindet.

„Danka", ruft Miro leise.

Immer weiter zieht Danka ihre Kreise. Immer wieder rauscht sie an Miro vorbei.

„Ich weiß, wie es dir geht",

flüstert Miro dem Delfin zu.

„Ich …"

Jäh hält Danka an. Sie blickt ihn aus großen Augen an. Miro erzählt diese Sache nicht so oft. Eigentlich nie. Aber bei Danka fällt es ihm merkwürdigerweise nicht schwer.

„Ich wäre auch fast ertrunken",

flüstert Miro.

Letzten Sommer war das, im Meer. Er wollte hinaus zum Bootsanleger schwimmen, wie jeden Tag. Die kleine Plattform trieb gut 300 Meter vor der Küste – kein Problem für einen Schwimmer wie ihn. Aber an dem Tag war das Wetter schlecht.

„Der Wind war stark,

die Wellen waren hoch

und das Wasser war schwarz.

Ich wollte es unbedingt schaffen",

erzählt Miro leise.

Immer wieder schwappten die Wellen über seinen Kopf. Immer wieder verschluckte er sich am Meerwasser.

„Ich bekam keine Luft mehr.

Und ich hatte kaum noch Kraft.

Ich erinnere mich nicht,

wie ich den Anleger erreicht habe.

Findest du,

das war dumm von mir,

Danka?

Vielleicht. Trotzdem.

Ich hasse das Meer."

Danka schwimmt auf ihn zu. Ganz nah kommt sie an den Beckenrand. Sie keckert leise.
„Sieh an", sagt da Stjepan. Unbemerkt ist er hinter Miro getreten. „Dich scheint sie zu mögen."

Der Anruf kommt mitten in der Nacht.
Als Miro verschlafen ins Wohnzimmer trottet, ist Stjepan schon angezogen. Hektisch packt er ein paar Sachen in den Rucksack. „Dankas Baby kommt", sagt er nur.

Jetzt ist Miro hellwach.

„Oh", sagt er. „Viel Glück."

Stjepan blickt ihm direkt ins Gesicht. „Magst du nicht mitkommen? Ich dachte, du bist ihr Freund."

„Echt?

Ich darf dabei sein?",

ruft Miro glücklich.

Wie der Blitz zieht er sich an und rennt mit Stjepan zur Schutzstation.
Kata ist schon da. Sie steht bis zum Bauch im Wasser des Bassins.
Danka schwimmt wieder pausenlos im Kreis. Und aus ihrem Unter-
leib ragt eine winzige Schwanzflosse.
„Ich kann nichts für sie tun", sagt Kata verzweifelt. „Sie lässt mich
nicht an sich heran."

„Danka!", ruft Miro.

Danka hält inne. Sie streckt den Kopf aus dem Wasser.

„Ich bin es. Miro!"

Danka nickt, als wüsste sie das schon längst. Sie schwimmt auf ihn zu und streckt ihm die Schnauze entgegen.

Miro legt die Hand darauf.

Das fühlt sich so gut an.

Auf einmal zuckt Danka zusammen und schießt wieder durchs Wasser.
„Normalerweise bekommen Delfine von anderen Weibchen bei der Geburt Hilfe. Sie ziehen das Baby aus dem Mutterleib. Dabei will Kata ihr helfen", erklärt Stjepan.

„Aber Danka lässt sie nicht",

sagt Miro nachdenklich.

Nun versteht er die Sorgen

der Erwachsenen.

Er hat Angst

um Danka und das Baby.

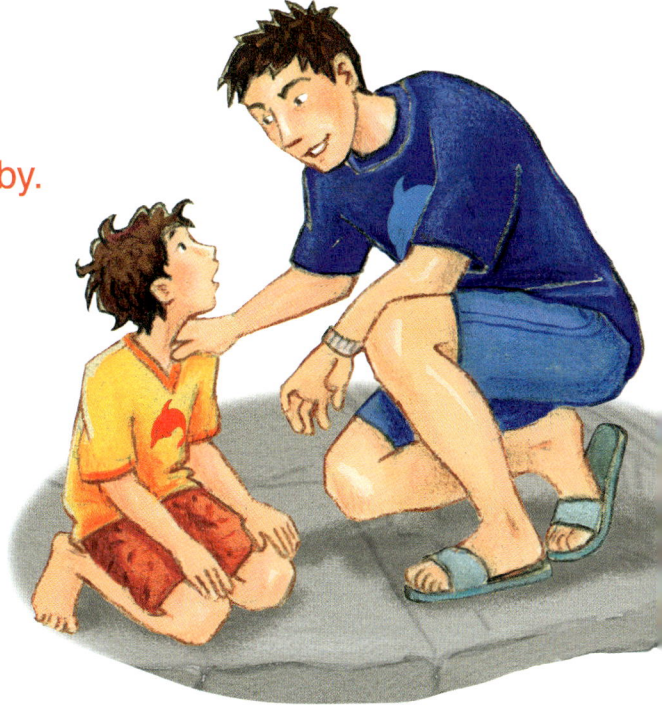

„Vielleicht lässt sie dich", sagt Stjepan. „Miro, hilf ihr. Steig zu ihr ins Becken. Du bist ein super Schwimmer. Keine Ahnung, warum du so wasserscheu geworden bist. Früher bist du immer gern geschwommen. Bitte, tu es für Danka." Stjepan blickt ihn eindringlich an.

„Ich … kann nicht", flüstert Miro.

Danka schwimmt auf ihn zu. Sie streckt den Kopf aus dem Wasser und keckert. Als würde sie ihn rufen.

Miro wird heiß und kalt.

Er möchte Danka so gern helfen.

Aber das Wasser um ihn herum

ist schwarz wie die Nacht.

Miros Herz pocht wild.

Danka keckert wieder. Sie steht direkt vor ihm. Fast berühren sich ihre Nasenspitzen.

Wie verzaubert greift

Miro nach Dankas Finne.

Er macht die Augen fest zu.

„Also los, Mädchen",

sagt Miro entschlossen.

Danka schwimmt los. Sie zieht Miro ins Wasser. Lauwarm umspült es ihn. Danka passt auf, dass Miro nicht untergeht. Miro spürt, dass er ganz ruhig wird. Und plötzlich hat er auch Boden unter den Füßen.

„Halt an, Danka",

sagt er sanft.

Danka zittert ein bisschen, aber sie bleibt stehen. Kata nähert sich vorsichtig. Während Miro Danka streichelt und ihr beruhigend zuflüstert, zieht Kata behutsam am Schwanz des Babys. Plötzlich quiekt Danka – da ist das Baby draußen! Wie ein Stein sinkt es hinab.

„Es ertrinkt!", ruft Miro.

Da stößt Danka schon nach unten, nimmt das Baby auf die Schnauze und bringt es an die Wasseroberfläche. Das Baby holt Luft und schwimmt sofort putzmunter um seine Mama herum.

„Ohne Luft in den Lungen hat das Baby keinen Auftrieb, deshalb sinkt es. Aber ein Delfin lässt niemanden ertrinken", erklärt Kata. „Keinen Delfin und auch keinen Menschen."

Ob Miro sich deswegen

bei Danka so sicher fühlt?

Mit Danka ist das Meerwasser toll! Und mit ihrem Baby! Es fiept fröhlich und paddelt noch ein bisschen unbeholfen neben seiner Mama her. Die schwimmt direkt auf Miro zu und stupst ihn zärtlich an. Als wollte sie Danke sagen. Miro streichelt ihr über den Rücken.

„Selber danke",

flüstert er.

Rettung für Jojo

Nanuk taucht auf. Tatsächlich, da ist es, das Fischerboot! Den Lärm der Schiffsschraube hatte Nanuk schon von Weitem gehört. Und er wusste sofort: Da kommt sein Freund Jojo!

Nanuk springt hoch in die Luft.

Platsch, landet er im Wasser – und taucht gleich wieder auf. Das Boot kommt immer näher. Nanuk keckert und winkt mit der Flosse. Jojo hat ihn gesehen. Er wedelt glücklich mit dem Schwanz. Jojo ist nämlich ein kleiner Hund.

Schnell schwimmt Nanuk auf das Boot zu.

Er lässt sich von der Bugwelle schieben und springt übermütig im schäumenden Wasser.

Das macht Spaß!

Jojo bellt. „Das sieht lustig aus!", ruft er. „Am liebsten würde ich mitschwimmen!"

Nanuk taucht unter der Bugwelle weg und neben dem Boot wieder auf. Er blickt seinen Freund an.

„Versuch

das bloß nicht",

sagt er ernst.

„Hier gibt es Haie!"

Schon bei dem Gedanken, Jojo würde hier im Wasser rumplanschen, wird es Nanuk ganz anders.
Jojo zieht das Schwänzchen ein. „Ich weiß", winselt er leise. „John, der Fischer, hat das auch schon gesagt." Dann muss er wohl an etwas Komisches denken, denn er grinst von einem Ohr zum anderen und sagt: „John findet, dass wir zwei die ulkigsten Freunde der ganzen Haifisch-Bucht sind!"

„Ich glaube,

da hat er recht!",

sagt Nanuk.

Er tanzt auf seiner breiten Schwanzflosse rückwärts durchs Wasser.

„Wau, wau!", bellt Jojo. „Schau mal. Das kann ich auch!" Jojo macht Männchen und wackelt zwei Schritte zurück.

„Cool!", ruft Nanuk.

„Und kannst du das auch?"

Er taucht ab, schießt in die Höhe und wirbelt in einem Salto durch die Luft. „Na klar, das ist doch hundebaby-leicht!", bellt Jojo. Er hüpft in die Luft – und landet unsanft auf der Seite.

„Autsch", jault er. „Dabei hab ich so geübt!"

„Das war toll!", lobt Nanuk.

Aber so toll war es eigentlich nicht. Und Jojo weiß das auch. „Du willst nur nett sein", sagt er. „Aber ich kann das wirklich. Schau her."

Nanuk richtet sich auf der Fluke auf.

Was hat Jojo vor?

Jojo nimmt Anlauf. Er springt … und überschlägt sich in der Luft! Das können wirklich nicht viele Hunde!

„Super, Jojo!",

ruft Nanuk begeistert.

Da kommt eine Welle. Höher als
die anderen.
Sie hebt das Boot an und schwappt
über Deck.
Jojo, der gerade auf allen vieren landet,
verliert das Gleichgewicht.
Er rutscht … und rutscht … und hängt mit
einer Pfote an der Reling.
„Super, Jojo, höhöhö", hört Nanuk da
eine tiefe, fiese Stimme hinter sich. Das
ist Wayne, der Hai!

„Halt dich fest, Jojo!",

keckert Nanuk aufgeregt.

Aber die Reling ist nass. Und Jojo ist nass. Der kleine Hund jault
ängstlich.
Das Schiff schaukelt auf und ab. Wieder schlägt eine Welle an die
Bugwand.

„Jojo!",

schreit Nanuk.

Doch Jojo ist weg! Die Welle hat den kleinen Hund ins Meer gespült! „Hmm … Mittagessen", freut sich Wayne.

„Hau ab, du doofer Hai!",

ruft Nanuk mutig.

Er hat Angst vor dem Hai. Aber noch größere Angst hat er davor, dass Wayne Jojo etwas tut. Nanuk taucht ab. Unter Wasser kann er ganz gut sehen, noch besser aber kann er hören. Er keckert und spürt fast im selben Moment, dass da vorne etwas hilflos im Wasser paddelt.

„Das ist Jojo", sagt Nanuk leise.

Schnell schwimmt er los. Aber Wayne hat die Bewegungen im Wasser auch gespürt.

„Willst du mir mein Mittagessen klauen, Kleiner?", johlt er höhnisch und grinst.

„Mittagessen? Wo?" Plötzlich tauchen Willy und Grace auf.

„Lecker, Robbe", jubelt Grace.

„Das ist keine Robbe, du Blindfisch, das ist ein Hund", raunzt Wayne sie an.

„See-Hund", witzelt Willy.

Die Haie lachen fies.

Nanuk lacht nicht. Drei gegen einen.

Das ist doch gemein!

Und die Haie kommen immer näher. Sie lassen sich Zeit, sie wissen, dass Jojo kein guter Schwimmer ist. Sicherlich wollen sie noch ein bisschen bösen Spaß mit ihm haben, bevor … Nein, das darf nicht passieren!

Ganz leise

schwimmt

Nanuk auf

Jojo zu.

Die Haie kurven in einem weiten Kreis um Jojo herum.
Gleich werden sie auch Nanuk bemerken! Er muss sich etwas einfallen lassen. Und zwar, bevor es zu spät ist!

Da hat er die rettende Idee.

Nanuk füllt die Lungen mit Luft

und taucht ganz tief ab.

Über ihm kreisen die Haie!

Leise schwimmt Nanuk unter ihnen hindurch. Er darf nur keine Luft
ablassen. Sonst bemerken ihn die Haie. Schnell schwimmt er weiter.

Da ist Jojo, direkt über ihm!

Tapfer krault der kleine Hund im Wasser. Aber Nanuk weiß, dass Jojo für die Haie viel zu langsam ist. Und er weiß, dass sein Freund erschöpft und müde ist.

Er muss ihm helfen. Jetzt!

Wie ein Pfeil schnellt Nanuk nach oben. Kräftig schlägt er mit der Fluke. Drei, vier Schläge – schon durchbricht er die Wasseroberfläche. Direkt vor Waynes Schnauze! Wayne erschrickt und bleibt verdutzt stehen.

Nanuk pflügt schnell durch das Wasser.

Mit der Finne erzeugt er eine riesige Welle, die über Willy und Grace schwappt und sie nach hinten reißt. Flatsch!
Da kommt Wayne schon wieder näher.
Er sieht jetzt wirklich wütend aus. Mit aller Kraft schlägt Nanuk die Fluke aufs Wasser. Zack! Eine kräftige Welle überspült den dicken Hai.

„Oh, bist du nass geworden?",

ruft Nanuk dem Hai frech zu.

„Nanuk", japst Jojo. Nanuk dreht sich um und sieht gerade noch, wie Jojo im Wasser versinkt.

Oh nein!

Jojo darf nicht untergehen!

Er kann doch gar nicht tauchen!

Blitzschnell zischt Nanuk auf seinen Freund zu. Vorsichtig stupst er ihn mit der Schnauze an. Das reicht, um Jojo die Richtung nach oben zu zeigen.
Schon schnappt Jojo nach Luft.
Nanuk schwimmt an seine Seite.

„Steig auf!", flüstert er Jojo zu.

Jojo schaut Nanuk ratlos an.

„Los! Halt dich an meiner Finne fest."

Da kommt Leben in den kleinen Hund. Er klettert auf Nanuks Rücken und klammert sich mit beiden Pfoten an der breiten Rückenflosse fest.

„Turbo-Tümmler!", brüllt Nanuk.

Er nimmt seinen ganzen Mut zusammen und rast mit Jojo auf dem Rücken auf Wayne zu, der gerade an ihnen vorbeikreist.
Zum Glück sind Haie so dämlich!

Bevor Wayne, Willy oder Grace kapieren, was los ist, hat Nanuk den bedrohlichen Kreis durchbrochen und schwimmt im Turbo-Tümmler-Gang auf das Fischerboot zu.

„He! Du Häppchen-Dieb!", brüllt Wayne empört.

„Blöder Hai!",

ruft Nanuk zurück.

Jojo ist kein Haihappen! Er ist sein Freund!

Endlich haben Nanuk und Jojo das Fischerboot erreicht. John lehnt sich weit über die Reling. Ganz blass ist er, sicherlich hatte er große Angst um Jojo. Und vielleicht auch um Nanuk.

„Da sind wir wieder",

jubelt Nanuk.

John nimmt Jojo von Nanuks Rücken und schließt ihn fest in die Arme. „Danke, du mutiger Delfin", sagt er, und Jojo flüstert er ins Ohr: „Wie gut, dass du so einen ulkigen, lieben Freund hast."

Jojo bellt. John hat ja so recht!

Nanuk springt einen
doppelten Salto!
Er hat es geschafft!

Er hat seinem Freund geholfen und
den Haien mächtig eins ausgewischt!
Und die Haie? Die ziehen zähneknirschend ab. An ein Menschen-
boot trauen sie sich nicht ran. Sie suchen sich lieber eine leichte
Beute.

3

MIT BUNTEN SILBEN
LESEN LERNEN

Liebe Eltern,

in diesen Geschichten sind alle Wörter in farbig markierte Buchstabengruppen, die Sprechsilben, unterteilt. Durch die farbigen Markierungen der Silben ist es für Kinder viel leichter, die richtige Einteilung in geschriebenen Wörtern zu erkennen und den Sinn der Wörter zu begreifen. Auf diese Weise lernen sie schnell, flüssig und fehlerfrei zu lesen. So kommen auch weniger geübte Leser schnell zu einem Erfolgserlebnis.

So macht das Lesenlernen Spaß!

THiLO

Delfingeschichten

Illustriert von Dorothea Ackroyd

Eine neue Freundin

Grete macht mit ihren Eltern
Urlaub auf einer kleinen Insel.

Grete isst Eis, schwimmt und
sammelt bunte Muscheln.
Aber dann ist ihr langweilig.

„Warum haben wir nicht
Livia mitgenommen?",
beschwert sich Grete.

Livia ist Gretes beste Freundin.
Die beiden spielen
am liebsten Prinzessin.

„Lass mich
bitte lesen!",
sagt Mama nur.

Grete

schnapp sich

ihre Taucherbrille.

Vielleicht sieht sie

ein paar Fische

im flachen Wasser.

Plötzlich blubbert es neben ihr.

Grete dreht sich um.
Da ist ja ein Delfin!
Und er guckt ganz lieb.

„Ich heiße Grete", sagt Grete.
„Und wer bist du?"

Der Delfin
wackelt mit
dem Kopf.
Grete überlegt.

„Ich werde dich Livia nennen,
wie meine Freundin."
Der Delfin schnattert fröhlich.
Grete muss lachen.

„Weißt du,
was eine Prinzessin ist?"
Livia sieht Grete fragend an.

„Das ist ein schönes Mädchen
mit einer Krone", sagt Grete.
Da schnattert Livia aufgeregt.
Sie zupft Grete am Badeanzug.

„Ich soll mitkommen?",
fragt Grete.

Langsam schwimmt Livia
vor ihr her.
An einer kleinen roten Boje
taucht der Delfin nach unten.

Grete sieht
durch ihre Taucherbrille.

Livia stupst etwas nach oben!
Ist das eine Schatzkiste?

Gespannt
öffnet Grete
den Deckel.

Da liegt eine
kleine Krone!
Grete setzt sie
sich gleich in
ihre blonden Haare.

Jetzt kann
sie mit Livia
Prinzessin
spielen.

Als ihre Eltern rufen,

legt Grete die Krone zurück.

„Bis morgen", sagt sie zu Livia.

Livia paddelt mit den Flossen.

Grete freut sich.

„Das heißt bestimmt ‚ja'."

Der Geist im Wrack

Fluki, der kleine Delfin,
wohnt mit seiner Familie
im Meer.

Am liebsten taucht er und
sucht nach neuen Plätzen
zum Spielen.

„Aber hüte dich
vor dem alten Schiff!",
warnt ihn seine Mutter.

„Dort haust
ein fürchterlicher Geist!"

Fluki weiß, wo das Wrack ist.
Kein Delfin traut sich dorthin.
Aber was ist eigentlich
so unheimlich daran?

Als seine Eltern weg sind,
schwimmt er schnell los.

Schon ist Fluki
beim alten Schiff.
Mutig schlüpft er
durch eine Luke.

Hier ist es finster.

Fluki gruselt sich.

Aber sonst ist niemand hier.

Fluki schwimmt um eine Ecke.

Plötzlich starren ihn

aus dem Dunkeln

zwei große Augen an!

„Der Geist!", denkt
Fluki erschrocken.

Wie der Blitz dreht er um.

Aber er kommt nicht vorwärts.

Sein Schwanz klemmt

in einer Tür fest.

Was soll Fluki jetzt tun?
Der Geist kommt immer näher.
Wie ein großer Schatten.

Fluki zittert am ganzen Körper.
Schnell kneift er die Augen zu.
„Lieber, lieber Geist!", bettelt er.
„Beiße mich nicht!"

Direkt vor seiner Schnauze
erschallt ein Lachen.

Vorsichtig
zwinkert Fluki.
Der Geist ist
gar kein Geist!
Es ist ein Krake!

Mit seinen
vielen Armen
befreit er Fluki
aus der Tür.

Fluki will sofort abzischen.
„Komm bald mal wieder!",
bittet ihn der Krake.
„Ich bin immer allein!"
Fluki verspricht es.
Vor einem Kraken muss er
ja keine Angst haben!

Kunststück!

Toni ist mit seinen Eltern
im Delfinarium.
Gleich beginnt die Schau.

Toni mag am liebsten
den Delfin Finn.
Er träumt davon,
einmal mit Finn zu schwimmen.

Jetzt stellt sich
Finns Trainer Ralf
an den Beckenrand.
Dann wirft er einen Ball.

Finn springt los.
Bevor der Ball ins Wasser fällt,
stupst er ihn zurück zu Ralf.

Die Menschen klatschen.

„Jetzt wird es richtig schwierig!",
kündigt Ralf an.
Er hält einen brennenden Reifen
über das Becken.
Toni hält den Atem an.

Finn schwimmt
einen Bogen.
Mit Schwung
saust er aus
dem Wasser …

… und springt genau
durch den Reifen.
Toni klatscht begeistert.

Ralf wirft Finn einen Fisch zu.
„Für Finns nächstes Kunststück
brauche ich einen Helfer!", ruft Ralf.

Sofort meldet sich Toni.

Aufgeregt rennt er zum Becken.

Aber der Boden ist nass.

Toni rutscht aus

und fällt zu Finn ins Wasser!

Die Zuschauer halten den Atem an.

Auch Finn erschrickt.

Ob der Junge schwimmen kann?

Schnell taucht Finn

unter Toni durch.

Toni hält sich an Finn fest

und sie tauchen wieder auf.

Toni winkt
seinen Eltern
zu und lacht
glücklich.

„Bravo!", rufen alle laut.
Ralf holt Toni wieder an Land.
„Das war Finns bestes Kunststück!",
ruft er.
Und zur Belohnung darf Toni
Finn einen Fisch zuwerfen.

Zwei Freunde im Meer

Piet und Platsch sind
beste Delfinfreunde.

Mit den großen Delfinen
sind sie in eine
neue Bucht gezogen.

Sofort erkunden sie alles.
„Hier kann man klasse
spielen!", findet Piet.

Ihr Lieblingsspiel
heißt Hai
und Delfin.

Platsch muss
der Hai sein.
„Hilfe! Ein Hai!",
ruft Piet.

Im Zickzack jagen
die zwei Delfine durchs Wasser.
Das macht riesig Spaß!

„Hua! Ich fresse dich!",
ruft Platsch seinem Freund nach.
Piet lacht.

Er schwimmt zum Korallenriff.
Dort versteckt er sich
in einer Höhle.

118

Vorsichtig lugt er hinaus.
Da bekommt Piet
einen Riesenschreck.

Direkt hinter Platsch
schwimmt ein echter Hai!
„Platsch, pass auf! Ein Hai!",
warnt Piet.

Aber Platsch glaubt,
Piet spielt immer noch!

„Haha! Ich bin doch der Hai!",
ruft Platsch.

Piet muss ihm helfen.

Wie der Blitz saust er
aus seinem Versteck
auf den Hai zu.

„Mich kriegst du nicht!",
schnattert er und flitzt davon.
Überrascht reißt der Hai
die Augen weit auf.

Doch bevor er hinter Piet
herschwimmen kann,
sind die beiden Delfine verschwunden.

Piet hat Platsch
in seine Höhle gezogen.

„Gerade noch mal
davongekommen!“,
stöhnt Platsch,
als der Hai weg ist.
„Ja“, stimmt ihm Piet zu.
„Wie gut,
dass wir so viel geübt haben!“

Udo Richard wurde 1966 in Halle/Westfalen geboren. An den Universitäten Bamberg und Columbia, S.C., studierte er Germanistik mit den Schwerpunkten Literaturwissenschaft und Literaturvermittlung. Danach arbeitete er mehrere Jahre in der Redaktion eines großen Kinderbuchverlags. Seit Mitte 1999 schreibt und übersetzt er Kinderbücher.

Anna Taube studierte Literatur an der Universität Hildesheim und arbeitet als freie Autorin und Übersetzerin. Sie wohnt mit ihrer Familie im idyllischen Bad Rodach in Oberfranken.

Die ersten 20 Lebensjahre verbrachte **THiLO** in der Kinderecke der elterlichen Buchhandlung. Heute lebt er mit seiner Familie in Mainz und schreibt neben seinen Romanen auch Drehbücher fürs Fernsehen. Mehr über THiLO und seine Geschichten erfahrt ihr im Internet unter *www.thilos-gute-seite.de.*

Sabine Kraushaar zeichnete schon, als sie gerade mal einen Bleistift festhalten konnte. Ihr großer Traum war es, später Kinderbücher zu illustrieren. Sie studierte Grafik an der Kunstakademie in Maastricht. Danach machte sie sich selbstständig. Und 1995 ging ihr Kindheitstraum in Erfüllung.

Lisa Althaus studierte an der Universität für angewandte Kunst in Wien und an der Akademie der Bildenden Künste in München. Sie wohnt in der Bodenseegegend und arbeitet als freie Künstlerin und Illustratorin.

Dorothea Ackroyd, geboren 1960 in Herford, studierte an der FH Bielefeld Kommunikationsdesign. Seit 1990 ist sie als freischaffende Illustratorin tätig und hat seitdem mehr als 120 Bücher veröffentlicht, die zum Teil in elf Sprachen übersetzt wurden. Sie lebt mit ihrer Familie auf der Sonnenseite des Teutoburger Waldes.

Quellenverzeichnis

S. 9–45
Udo Richard: *Bildermaus – Geschichten vom kleinen Delfin*,
farbig illustriert von Sabine Kraushaar.
© 2003, 2012 Loewe Verlag GmbH, Bindlach

S. 47–89
Anna Taube: *Ich für dich, du für mich – Delfingeschichten*,
farbig illustriert von Lisa Althaus.
© 2015 Loewe Verlag GmbH, Bindlach

S. 91–123
THiLO: *Lesetiger – Delfingeschichten*,
farbig illustriert von Dorothea Ackroyd.
© 2010, 2013 Loewe Verlag GmbH, Bindlach

ISBN 978-3-7432-1091-2
1. Auflage 2021
© 2021 Loewe Verlag GmbH, Bindlach
Dieser Titel enthält die z. T. bearbeiteten Einzeltitel
Bildermaus – Geschichten vom kleinen Delfin,
Ich für dich, du für mich – Delfingeschichten
und *Lesetiger – Delfingeschichten*
© 2003–2015 Loewe Verlag GmbH, Bindlach
Umschlagillustration: Anna-Lena Kühler
Umschlaggestaltung: Johanna Mühlbauer
Printed in the EU

www.loewe-verlag.de